DIVERTISSEMENS.

ACTE PREMIER.

JEUNES ÉGYPTIENS.

Mr. BRETIN, Mlle AMBROISINE.

NOBLES SYRIENS.

MM. BÉNONI, LASSERRE.

Mmes MARTIN, FELTMANN, ANGÉLIQUE.

GUERRIERS SARRASINS.

MM. Michel, J. Hamel, Koukelberg, Verrasselt, Félix, Dedecker, Streins, Decoster, Georges, Glorieux, Pauwels, Étienne.

FEMMES DE DAMAS.

Mlles J. Murat, Gabrielle, Vanhamme, Héloïse, Florentine, Godet, Clotilde, Reine, J. Lemonnier, Leroy, Catherine, Stroyaver.

ESCLAVES NOIRS.

MM. Louis, Vaegeneer, Cornélis, Isidore, Gérôme, Dewit, Mlles Caroline, Estelle, Rose, Clara, C. Hony, A. Perceval.

L'ENCHANTERESSE,

BALLET-PANTOMIME, EN TROIS ACTES,

DE M. BARTHOLOMIN,

MAITRE DES BALLETS DU THÉATRE ROYAL DE BRUXELLES,

MUSIQUE DE M. C.-L. HANSSENS.

REPRÉSENTÉ POUR LA PREMIÈRE FOIS A BRUXELLES, LE 25 DÉCEMBRE 1832.

BRUXELLES,

CHEZ GAMBIER, LIBRAIRE, RUE DES ÉPERONNIERS, N° 16.

1832.

ACTE DEUXIÈME.

ARMÉE DE LA HAINE.

GÉNÉRAL EN CHEF.

M. LEMONNIER.

LIEUTENANTS DE CAVALERIE.

MM. Streins, Koukelberg.

OFFICIERS D'INFANTERIE.

MM. Béguin, Camus, Dedecker, Brems.

PORTE-ÉTENDARDS.

MM. Pierre, Marin, Ambroise, Barbier.

SERGENT DE SAPEURS.

M. Maiaur.

SAPEURS.

MM. Joseph, Auguste, Picard, Laurent, Bernard, Antoine.

TAMBOUR-MAJOR.

M. Henry.

PREMIER CORPS DE MUSIQUE.

MM. Gonthier, Jean, Carpentier, Benoist, Férin, Garnier.

DEUXIÈME CORPS DE MUSIQUE.

MM. Étienne, Louis, Isidore, Vaegeneer, Gérôme, Cornélis.

TROISIÈME CORPS DE MUSIQUE.

Mlles Dewit, Caroline, Perceval, Claire, Estelle, Rose.

CAVALIERS.

MM. Michel, Verrasselt, Georges, J. Hamel,
Glorieux, Félix, Decoster, A. Pauwels.

ARTILLEURS.

Douze figurans.

FANTASSINS.

Cinquante comparses.

VIVANDIÈRES.

Mlles Florentine, Gabrielle, Clotilde, Godet, Murat, Vanhamme,
Lemonnier, Leroy, Reine, Héloïse, Catherine, Stroyaver.

DANSES INFERNALES.

DÉMON VERT.

M. LEMONNIER.

FURIE-OR.

Mme FELTMANN.

DIABLES ROUGES.

MM. Georges, Camus, Verrasselt, Michel, Koukelberg, J. Hamel.

SORCIÈRES-FEU.

Mmes Florentine, Gabrielle, Murat, Vanhamme, Reine, Héloïse.

FARFADETS BLANCS.

Mlles Perceval, Clair, Dewit, Vaegeneer, Rose, Meus.

MONSTRES BRUNS.

MM. Dedecker, Streins, Decoster, Félix, Pauwels, Glorieux.

SIBYLLES GRISES.

Mlles Godet, Clotilde, Catherine, Lemonnier, Adèle, Leroy.

DIABLOTTINS NOIRS.

MM. Étienne, Isidore, Louis, Cornélis, Caroline, Estelle.

CONTREDANSE.

Corps de ballet.

GALOPADE.

M. LEMONNIER, Mme FELTMANN.

GIGUE FINALE.

Premiers sujets, enfans, et corps de ballet.

ACTE TROISIÈME.

COUR D'ARMIDE.

MM. Michel, J. Hamel, Verrasselt, Koukelberg, Camus, Félix, Streins, Dedecker, Georges, Glorieux, Decoster, Pauwels, Étienne, Louis, Vaegeneer, Isidore, Gérôme, Cornélis.
Mlles Gabrielle, Murat, Vanhamme, Héloïse, Godet, Clotilde, Reine, Lemonnier, Catherine, Leroy, Stroyaver, Tempié, Estelle, Perceval, Caroline, Rose, Clara, Dewit.

CORYPHÉE.

Mlle FLORENTINE.

PAS DE TROIS.

M. BRETIN, Mmes AMBROISINE, MARTIN.

COMBATTANTS.

CHRÉTIENS.	MUSULMANS.	CHRÉTIENS.	MUSULMANS.
M. Murat.	Mlle Godet.	M. Dedecker.	Mlle Reine.
M. Duhan.	Mlle Gabrielle.	M. Streins.	Mlle Florentine.
M. J. Hamel.	Mlle Vanhamme.	M. Michel.	Mlle Clotilde.
M. Koukelberg.	Mlle J. Murat.	M. Camus.	Mlle Catherine.
M. Félix.	Mlle Lemonnier.	M. Georges.	Mlle Leroy.
M. Verrasselt.	Mlle Héloïse.	M. Glorieux.	Mlle Stroyaver.

PERSONNAGES.		ARTISTES.
ARMIDE, puissante Enchanteresse, fille d'Hidraot.		Mme Benoni.
LA HAINE, souveraine d'une partie des Enfers.		Mme Bartholomin.
MÉPHYTICUSOR, chef des armées infernales.		M. Lemonnier.
HIDRAOT, pacha de Damas. . .		M. Ferdinand.
OLCARIS, prince Sarrasin. . . .		M. Alphonse.
FLEUR-D'AMOUR, nain africain.		M. E. Rouquet.
ARONTE, capitaine Syrien. . .		M. Camus.
L'AMOUR.		Mlle Adèle Bartholomin.
PIERRE L'HERMITE.	Croisés.	M. Grandval.
GODEFROI DE BOUILLON.	Croisés.	M. Vandeviver.
BAUDOUIN DE LORRAINE.	Croisés.	M. Deproft.
RAYMOND DE TOULOUSE.	Croisés.	M. Rainders.
RICHARD DE SALERNE.	Croisés.	M. Koukelberg.
HUGUES DE VERMANDOIS.	Croisés.	M. Michel.
BOHÉMOND DE TARENTE.	Croisés.	M. Mailly.
GASTON DE FOIX.	Croisés.	M. J. Hamel.
TANCRÈDE DE HAUTEVILLE.	Croisés.	M. Murat.
ROBERT DE NORMANDIE.	Croisés.	M. Duhan.
UBALD DE CASTILLE.	Croisés.	M. Hamel.
RENAUD DE TOUL.	Croisés.	M. Bartholomin.
ISAURE, nièce de Godefroi. .		Mlle Victorine.

Prélats, Soldats Croisés, Comtesses, suivantes, habitants de Damas, Guerriers sarrasins, Enchanteurs, Démons.

L'ENCHANTERESSE.

ACTE PREMIER.

DÉCORATION.

Dans le fond, les jardins du palais d'Hidraot.... Sur le devant, une superbe tente.... Au milieu, un divan, des globes, des cassolettes remplies d'encens.... A droite et à gauche des estrades richement décorées....

SCÈNE PREMIÈRE.

La belle Enchanteresse est assise sur un magnifique divan..... Ses jeunes esclaves l'entourent.... Les unes soutiennent des gazes légères pour adoucir la trop vive clarté du jour.... D'autres rafraîchissent l'air avec des éventails de plumes de paons.... Celles-ci répandent des parfums.... Celles-là font résonner les cordes de leurs lyres d'or et de pierreries.... — Mais Armide reste pensive !... accablée !...

Depuis plus de trois ans que les princes chrétiens ont entrepris la conquête de la Terre-Sainte, les armes musulmanes n'ont cessé d'être humiliées... Nicée... Édesse... Antioche... Marra, sont tombées au pouvoir des Croisés, et le vénérable Hidraot, qui a quitté Damas pour voler au secours du soudan de Jérusalem, est en ce moment exposé aux plus grands périls !...

Tout-à-coup un bruit tumultueux se fait entendre dans l'éloignement !.. on écoute avec attention,.. avec crainte !.. Les Sarrasins auraient-ils succombé ?.. Les guerriers de Godefroi seraient-ils encore triomphants ?..

SCÈNE II.

ARMIDE, FLEUR-D'AMOUR, ESCLAVES.

L'horrible nain de la belle Enchanteresse vient annoncer le retour du Pacha qui est victorieux !..

Armide est au comble de la joie !.. Elle donne ordre de tout préparer à l'instant pour recevoir dignement les vainqueurs des Croisés;.. puis elle se rend, avec ses femmes, au-devant d'Hidraot.

SCÈNE III.

Avant de faire décorer le pavillon, Fleur-d'Amour examine tout,... et quand il s'est bien consulté,.. il appelle,.. des noirs paraissent,... — : ici, au-dessus de cette estrade, une riche draperie ayant pour légende : AU VERTUEUX HIDRAOT... — bien.. ; là, au milieu des ornemens de cette autre estrade, ces mots : A LA DIVINE ARMIDE... — bien encore... Maintenant que ce lit de repos disparaisse... — C'est cela... Tout-au-tour de cette galerie, des fleurs, des emblêmes... — De chaque côté, des armures chrétiennes surmontées d'étendards musulmans : sur l'un : GLOIRE

A OLCARIS... sur l'autre : HONTE A RENAUD...—Allons,.. je suis satisfait...

Sur un signe, les esclaves se retirent... Fleur-d'Amour regarde encore avec contentement les décorations du pavillon, puis il va rejoindre sa belle maîtresse...

SCÈNE IV.

GUERRIERS SYRIENS *portant des trophées conquis sur les Croisés ;* GRANDS DE L'ÉTAT, PEUPLE, ESCLAVES.

Tout le monde est prosterné!..

Armide entre précipitamment,.. elle presse son père contre son sein, et exprime le bonheur que lui cause ce retour glorieux!... Parmi les braves guerriers qui accompagnent le Pacha, est Olcaris, prince sarrasin épris de la belle Enchanteresse. Hidraot le présente à sa fille, et semble lui dire : Ce jeune héros est mon libérateur!.. C'est à sa valeur et à sa générosité que tu dois de me revoir,.. puisses-tu combler ses désirs et les miens, en consentant à recevoir sa main... Armide baisse les yeux... Olcaris la supplie de ne point rejeter ses vœux... Hidraot la presse... Toute la cour semble d'accord avec son père et son amant... Elle hésite encore quelques moments... puis, cédant enfin au vœu général, elle accepte pour époux le guerrier dont la vaillance lui a conservé son vertueux père,.. mais elle déclare en même temps que leur union ne pourra avoir lieu qu'après l'entière défaite de l'armée chrétienne... Ne doutant pas du succès de ses armes, le bouillant Olcaris est au comble du bonheur!.. le vieux Pacha embrasse sa fille;.. les Grands, les soldats et le peuple font éclater la plus grande allégresse. Fleur-d'Amour s'avance et indique que tout est prêt pour *célébrer les fêtes de la victoire.* Armide monte sur l'estrade qui lui est destinée. Olcaris prend place à côté d'Hidraot,... le petit intendant des menus plaisirs de la cour donne le signal, les jeux commencent.

DIVERTISSEMENT.

SCÈNE V.

Les fêtes sont interrompues!... Le fidèle Aronte, percé de coups... un tronçon de cimeterre à la main, arrive au milieu d'une poignée de soldats en désordre.....

On l'entoure.... on l'interroge...

Tout est perdu, répond-il, l'armée chrétienne est formidable, et nos plus braves guerriers sont tombés sous le fer du terrible Renaud...... A cette nouvelle inattendue, le désespoir s'empare de l'assemblée.....

Vengeance!.... s'écrie Armide!.....

Vengeance!... répètent d'une voix unanime, Hidroat, Olcaris, et le peuple, et l'armée!... Tous jurent d'exterminer le dernier des chevaliers croisés, ou de mourir pour une si juste cause ; puis ils se prosternent et prient le ciel de protéger leurs armes !...

Armide les arrachent soudain à ce pieux recueillement !....

— Vous implorez le ciel !.... insensés... Le ciel est sourd à votre voix !... C'est l'enfer qu'il faut évoquer !... L'enfer et toute sa rage.... et en même temps, elle fait une conjuration !..... Bientôt, des tourbillons de flammes de diverses couleurs s'élèvent du sein de la terre.... Un char infernal, traîné par un monstre hideux, s'avance pour recevoir la belle Enchanteresse qui a réclamé l'honneur de porter les premiers coups....

C'est en vain que son père, Olcaris et Aronte, voulent la retenir; que tout un peuple la supplie de ne point abandonner sa cour .... Elle se soustrait à leurs larmes, à leurs prières, et tandis que le vénérable Hidraot, son noble ami et tous les habitans de Damas restent plongés dans la douleur, on la voit traverser fièrement les airs, pour se rendre au camp de l'ennemi.

(*Tableau.*)

FIN DU PREMIER ACTE.

ACTE DEUXIÈME.

DÉCORATION.

LE CAMP DES CHRÉTIENS.

Sur le devant, à droite, le pavillon de Renaud. A gauche, celui des Dames. Au milieu, la tente de Godefroi. Dans le fond, celles de quelques princes et d'une partie de l'armée.

SCÈNE PREMIÈRE.

RENAUD, *ensuite* UBALD, TANCRÈDE *et* ROBERT.

Renaud est en contemplation devant le pavillon où repose la belle Isaure !... Mais bientôt, sortant de sa douce rêverie, il se rappelle la fierté de Godefroi... Jamais le noble chef de l'armée chrétienne ne consentira à donner sa nièce au chevalier Renaud... Ses craintes,... puis tirant de son sein un chiffre que sa bien-aimée broda de sa main, il le baise avec transport et le presse sur son cœur !

Ici, un léger bruit se fait entendre!... Ubald et ses deux amis paraissent dans le fond, Renaud cache précipitamment son précieux gage d'amour.

Les jeunes chevaliers s'avancent joyeusement...— Pourquoi cet embarras, Renaud, ne sommes-nous plus frères?... et parce que nous aimons la même belle, (car nous portons, tous quatre, ses couleurs), faut-il renoncer à l'amitié.... Allons, allons, dit Ubald, soyons loyaux en amour comme en guerre... Déclarons-nous ouvertement, et si l'un de nous obtient le prix tant désiré, qu'il reçoive aussi l'assentiment de ses rivaux... Renaud est encore indécis... Tancrède, Ubald et Robert, le pressent de nouveau... Il se rend enfin à leurs désirs... Alors, ils font tous serment de respecter le choix d'Isaure; puis, ils se séparent à l'approche des autres chevaliers.

SCÈNE II.

LES MÊMES, PRINCES ET SOLDATS CROISÉS, COMTESSES, SUIVANTES.

Les trompettes ont sonné!... le camp est sous les armes!... Godefroi de Bouillon s'avance... Raymond, Richard, Baudoin, Bohémond, Hugues, l'entourent... Robert, Ubald et Tancrède se joignent à leurs compagnons d'armes... Renaud, seul, semble étranger à l'enthousiasme que la présence du général excite dans le camp... Mais il est bientôt tiré de l'abattement dans lequel il est tombé, par Godefroi lui-même qui le présente à l'armée, comme le héros du dernier combat, et lui fait don de son épée aux acclamations de tous ses frères d'armes...

En ce moment, Isaure, les comtesses Baudoin, Raymond, et les dames de leur suite viennent présenter des palmes et des couronnes de lauriers aux vainqueurs des Sarrasins; puis, les deux comtesses vont auprès de leurs époux, et Isaure s'incline avec respect devant Godefroi qui la relève vivement, la presse contre son sein, et lui promet de lui tenir lieu de père!... Isaure exprime toute sa reconnaissance et, d'un regard, fait comprendre à Renaud combien les marques d'honneur qu'il vient de recevoir publiquement la rendent heureuse!...

SCÈNE III.

LES MÊMES, PIERRE L'HERMITE, ARNOUL, *chapelain de Robert*, PRÉLATS.

L'étendard de la Foi est planté au milieu du camp... Pierre l'Hermite engage les princes croisés à se réunir autour de la sainte bannière;... puis il leur dit : « De nouveaux périls vous appellent... Armide, cette redoutable enchanteresse, déploie aujourd'hui toutes ses ressources pour vous combattre avec avantage... Que Dieu daigne veiller sur vous!... »

Génuflexion des guerriers. — Bénédiction des armes. — Serment de vaincre ou de mourir pour la cause de Dieu.

Robert, Tancrède, Ubald et Renaud s'approchent de Godefroi, lui font connaître l'amour qu'ils ressentent pour sa belle nièce, et le prie de prononcer sur leur sort, avant le départ pour les combats... — Surprise du duc qui pourtant engage la jeune comtesse à faire un choix parmi ces nobles preux....

Isaure voudrait se soustraire aux pressantes sollicitations des trois poursuivants; mais elle n'ose avouer publiquement son amour pour Renaud; et rappelant à son oncle qu'il a promis de lui servir de père, elle lui dit qu'il a seul le droit de disposer de sa main.... — Espoir de Robert, d'Ubald et de Tancrède. — Inquiétude de Renaud et d'Isaure. — Embarras de Godefroi qui, ne pouvant décider en faveur de l'un sans blesser les autres, trace les mots suivants avec le fer de sa dague sur l'écusson du pavillon des dames : « Le vainqueur d'Armide sera l'époux d'Isaure. »... Les quatre chevaliers acceptent ce défi avec transport et jurent amour et obéissance à la dame de leur pensée...

Godefroi, Pierre, les prélats, et quelques seigneurs, entrent dans la tente ducale pour y tenir conseil... Plusieurs autres chefs se retirent aussi, et, au moment où les dames retournent à leur pavillon, les yeux d'Isaure rencontrent ceux de Renaud!... Que d'amour !... que d'espoir dans ces regards!...

Tout-à-coup Armide apparaît dans le camp....; l'intelligence des deux amants n'a pu lui échapper...

SCÈNE IV.

RENAUD, ARMIDE, FLEUR-D'AMOUR, SOLDATS CROISÉS.

Toutes les armes sont levées!... L'Enchanteresse va tomber sous les coups des Chrétiens!... Un sourire,... et tous ces fiers guerriers restent en extâse!... Un jeste,... ils sont désarmés,... ils fléchissent le genou, et abandonnent le camp...

Un seul des chevaliers a résisté aux charmes d'Armide... c'est Renaud!... Renaud, ce superbe ennemi qu'elle brûle de punir... Frappons, dit-elle en s'élançant vers lui... mais un trouble subit la saisit... Qui peut donc arrêter son bras?... est-ce ainsi qu'elle doit se venger?... Hélas, tous ses efforts sont vains, la fureur a fait place à l'amour... et Armide est aux pieds de son vainqueur!... Elle le supplie de lui accorder un seul de ses regards,... lui jure de l'aimer éternellement et lui offre de partager son empire!... Mais Renaud la repousse avec horreur, et lui montrant la légende de l'étendard sacré, dont il ne se séparera jamais : « DIEU LE VEUT, lui dit-il, MORT AUX INFIDÈLES »...

Armide ne se connaît plus... Ingrat... je voulais te sauver;... mais puisque tu es inflexible,... puisque je ne puis toucher ton perfide cœur,.. tremble;.. tu ressentira les effets de toute ma colère... et cette Isaure que tu adores, et que je déteste, sera ma première victime!... A cette terrible menace, Renaud n'a pu retenir un mouvement d'effroi!... Il cherche à appaiser le courroux de l'Enchanteresse; mais elle est inexorable;... il faut que sa rivale périsse.

SCÈNE V.

Le bruit de cette scène a attiré Isaure et sa suivante. Celle-ci se sauve épouvantée,.. mais la jeune comtesse est retenue par Armide qui l'entraîne au milieu du camp, l'examine avec dépit, et semble dire : — La voilà donc, celle que tu me préfères !..... Elle est belle !... mais ne le suis-je pas ?.... — Elle t'aime!... mais je t'adore, moi, et de plus, je t'élève au-dessus des autres mortels !... Renaud!... Renaud !... J'embrasse tes genoux!... Cède... Cède à mon amour!.. Et elle tombe accablée du poids de ses tourmens.... Ici Fleur-d'Amour vient remettre le sceptre magique à sa souveraine qui recouvre aussitôt toute son énergie!... Plus d'amour!... Plus de pitié!...s'écrie-t-elle!... Haine et vengeance!... Et elle s'élance pour anéantir sa rivale. Mais Renaud se jette au-devant du coup, saisit le sceptre fatal, et le précipite au pied de la croix, où il va se briser avec un horrible fracas!... Armide, désarmée, s'enfuit éperdue... Fleur-d'Amour suit ses pas.

SCÈNE VI.

Godefroi, les chevaliers qui l'ont suivis, les dames et les prélats entrent précipitamment... Quelle peut-être la cause d'un bruit aussi étrange? Tout est en ordre dans le camp... Mais, que vois-je, s'écrie le duc, transporté d'indignation, en apercevant sa nièce dans les bras de Renaud qui cherche à la rappeler à la vie.. Tancrède, Ubald et Robert menacent leur heureux rival; celui-ci court à leur rencontre, et une lutte sanglante va s'engager malgré la présence du général, lorsqu'Isaure, qui a repris ses sens, se jette au milieu des combattans, cherche à préserver son amant de la rage de ses adversaires, et déclare devant toute l'assemblée, que Renaud possède son amour, et que Renaud, seul, aura sa main.

Bonheur des deux amans! Désespoir des trois chevaliers, fureur de Godefroi qui maudit sa nièce et chasse du camp le téméraire Renaud... Mais celui-ci jure encore de n'aimer jamais que son amie, et de punir quiconque tenterait de la contraindre à faire un autre choix. Puis il lance des regards terribles sur tout ce qui l'environne, et sort avec fierté, pendant que Pierre et toutes les dames conduisent la pauvre Isaure dans son pavillon.

DÉCORATION.

Une caverne ténébreuse ; au premier plan à gauche, l'entrée du palais de la Haîne, gardée par deux monstres-géants. Vis-à-vis, un trône de démons et de serpens. Dans le fond, une roche énorme.

SCÈNE VII.

L'airain a résonné trois fois sous la voûte infernale... Un démon d'une forme hideuse s'élance du vestibule du palais au milieu de la caverne... C'est Méphyticusor... Il écoute avec une grande attention,.. pénètre dans un antre obscur et reparaît bientôt suivi d'Armide et de son fidèle serviteur. Il commande, et l'un des gardiens du palais griffe les cordes d'un instrument étrange... Une musique bizarre se fait alors entendre....

SCÈNE VIII.

FLEUR-D'AMOUR, ARMIDE, LA HAINE, MÉPHYTICUSOR, COUR INFERNALE.

Douze petits pages d'enfer entrent... Douze diablesses d'honneur les suivent..... Tous s'inclinent avec respect...... La Haîne est entourée de sa cour....

Qui ose ainsi troubler mon repos?... Méphyticusor désigne l'Enchanteresse qui s'est prosternée... La Haîne s'empresse de la relever et de l'interroger sur les motifs qui l'amènent près d'elle dans un tel désordre... Armide jette un regard craintif sur tout ce qui l'environne... La Haîne fait un geste;... sa cour disparaît... Méphyticusor et Fleur-d'Amour gravissent la grande roche.

Armide exprime alors tous les tourmens qu'elle endure... L'amour s'est emparé de son cœur!... Ses enchantements ont échoué contre Renaud;.. le perfide a détruit son pouvoir, et elle vient implorer la puissante protection de la souveraine de ces lieux....

LaHaîne partage l'indignation d'Armide!... Que l'audacieux Renaud, et tous ces odieux chrétiens périssent!... s'écrie-t-elle. Tes soldats sont vaincus... Que les miens secondent tes efforts... Et en même temps elle frappe de son sceptre le second gardien du vestibule; le monstre ouvre une gueule énorme, vomit un torrent de flammes et pousse un cri qui ébranle la caverne.

SCÈNE IX.

Méphyticusor se précipite du haut du roc immense, aux pieds de La Haîne?... Que mon armée s'avance à l'instant même... Et l'armée infernale défile aussitôt devant la maîtresse de cet empire...

MANOEUVRES BIZARRES.

Sapeurs, tambours, musiciens, officiers, généraux, fantassins, cavaliers, drapeaux, guidons, artilleurs;

rien ne manque à ce corps redoutable qui, après avoir exécuté diverses évolutions, va se grouper d'une manière fantasque autour de cette légende : « GUERRE A L'AMOUR, MORT A L'OD EUX RENAUD. »

Armide jure avec empressement de n'écouter que La Haîne... Celle-ci ordonne alors de commencer le charme;... et pendant que démons, sorcières et diablotins prient avec ferveur, différentes matières sont jetées dans une vaste chaudière qui s'est élevée au milieu de l'enfer;... un monstre en retire bientôt un sceptre enchanté, qu'il remet à La Haîne; cette divinité le présente à Armide, en lui recommandant de ne point oublier son serment... L'Enchanteresse, au comble de ses vœux, s'incline devant sa protectrice, harangue ses nouveaux soldats, et va les conduire à la victoire!... — Que les plaisirs précèdent les combats, dit La Haîne; et soudain, tout l'enfer se livre à la danse...

La Haîne est sur son trône, Armide est près d'elle, Fleur-d'Amour, qui a devancé l'armée, est aux pieds de sa maîtresse... Tout-à-coup un démon perce la foule, se prosterne, et rend compte de sa mission à sa souveraine

SCÈNE X.

Oh!... bonheur!... s'écrie La Haîne... Notre implacable ennemi vient lui-même s'offrir à nos coups!... Joie des démons... Leur impatience de combattre les fidèles serviteurs de Dieu... La Haîne arrête l'élan de ses sujets... Renaud, seul, est près de nous, dit-elle;... qu'on observe le plus profond silence!...

Elle ordonne... l'enfer s'ouvre...

Une campagne riante, arrosée par un ruisseau limpide, se découvre dans le fond.

SCÈNE XI.

LES MÊMES, RENAUD, *triste et pensif.*

En quittant le camp de Godefroi, Renaud a porté ses pas au hasard... Toutes les routes ne l'éloignaient-elles pas d'Isaure... Mais la fatigue l'accable... La chaleur est étouffante... Là, à l'ombre de cette grotte, près de ce ruisseau paisible, il pourra, peut-être, goûter quelques instants de repos.

Il ôte sa pesante armure, s'étend sur un tertre de gazon, et ne tarde pas à céder au sommeil. —Fureur d'Armide à la vue de Renaud... Extâse des démons... Triomphe de La Haîne... : frappe, dit cette dernière, en remettant son poignard à l'Enchanteresse qui se précipite aussitôt sur le jeune chevalier.

SCÈNE VII.

FLEUR-D'AMOUR, LA HAINE, RENAUD *endormi*, L'AMOUR, ARMIDE, MÉPHYTICUSOR, ET TOUS LES HABITANTS DE L'ENFER.

L'Amour paraît soudain!... Il arrête le bras meurtrier, et semble dire : Armide, aurais-tu la barbarie d'immoler tant de douceur?... tant de charmes?... Viens, viens, regarde... Et il l'attire doucement vers le lit de verdure où repose le guerrier, sans armes, les cheveux flottans... Cependant, le trouble s'est emparé de nouveau des sens de l'Enchanteresse!... Elle n'a pas la force de frapper... Elle n'en a plus le désir... L'instrument de mort, qui est resté dans ses mains, lui fait horreur!... Elle le jette loin d'elle,.. et peint avec force la passion qu'elle ressent pour le jeune héros devant lequel elle reste bientôt en admiration!...

Tout l'enfer en fureur veut saisir la parjure!... Mais l'Amour élève une barrière insurmontable entre sa belle protégée et l'implacable Haîne... Une grille, composée de guirlandes de fleurs, de carquois, d'arcs, de flèches et de flambeaux, vient enfermer l'horrible divinité, ses démons et le nain désolé, dans l'antre infernal qui retentit de leur rage impuissante, pendant que des flots de lumière éclairent le départ de Renaud qu'Armide et le dieu de Cythère transportent dans un palais enchanté !...

(*Tableau.*)

FIN DU DEUXIÈME ACTE.

ACTE TROISIÈME.

DÉCORATION.

L'intérieur du palais enchanté d'Armide.

SCÈNE PREMIÈRE.

FLEUR-D'AMOUR, *ensuite* LA HAINE, ET TROIS DE SES SUJETS.

Le nain africain qui, pour sortir vivant des griffes des démons, s'est voué entièrement aux enfers, et a juré de se venger de son imprudente maîtresse, entre mystérieusement... Il regarde partout dans le palais.... Personne... Bien, dit-il... Puis il donne un signal, et soudain La Haîne est près de lui. En voyant les chiffres enlacés de Renaud et d'Armide, et les autres emblêmes qui décorent cette charmante retraite, l'implacable divinité a peine à modérer sa rage!... A sa voix, paraissent trois démons... Deux portent le casque et la lance de Renaud; le troisième tient un bouclier de diamant qui doit arracher le guerrier à l'erreur et à l'oisiveté où le retient Armide... Sur le chemin du camp, vous trouverez trois chevaliers, dit La Haîne; remettez-leur ces armes,... qu'ils se hâtent de venir délivrer celui qu'ils ne pourraient découvrir sans ma protection.... et que l'indigne Enchanteresse, qui a méprisé ma puissance pour se livrer à l'amour, tremble...

Fleur-d'Amour s'incline et sort avec ses nouveaux frères.... La Haîne exhale encore sa fureur contre son ennemie... Puis elle se retire, à l'approche de la cour d'Armide....

SCÈNE II.

RENAUD ET ARMIDE, *au milieu d'une cour brillante.*

Le sommeil de Renaud a été favorable aux enchantemens d'Armide... Le beau chevalier a succombé..... La gloire n'a plus d'attraits pour lui... Passer le reste de ses jours à aimer Armide,... à lui plaire,... voilà son seul désir ... Toute la cour entoure les nouveaux amants..... On les conduit vers une table richement servie, et l'on s'empresse de célébrer par des danses légères la félicité dont ils jouissent.

DIVERTISSEMENT.

Cependant, on entend une musique chevaleresque dans l'éloignement!... Renaud cherche à se rappeler en quels lieux elle a déjà frappé son oreille!... Armide et ses sujets éprouvent quelques moments d'inquiétude.... Mais de nouvelles séductions détournent bientôt l'attention du chevalier, et le philtre, dont l'Enchanteresse remplit la coupe qu'elle lui présente, le ramène entièrement à elle....

SCÈNE III.

Les mêmes, FLEUR-D'AMOUR; *il feint la plus grande frayeur, et vient tomber aux pieds des deux amans.*

Armide témoigne la satisfaction que lui cause le retour du fidèle serviteur qu'elle croyait perdu à jamais!.... Toute la cour laisse aussitôt paraître l'intérêt qu'elle porte au confident intime de la souveraine!... Renaud le regarde avec étonnement, et semble chercher encore une idée fixe dans le passé!... Après avoir fait un faux récit sur sa sortie des enfers, Fleur-d'Amour dit à Armide que les guerriers croisés approchent du palais... Je saurai bien arrêter leur marche, lui répond-elle.... Que Renaud abjure sa foi; et tous ces vils Chrétiens tombent sous mes coups....

On présente alors à Renaud le costume musulman qu'il doit porter désormais.... Il hésite... Un souvenir confus l'attache encore à Dieu!... mais Armide le conjure avec tant d'instance et de charme d'accepter son empire, qu'il n'a plus la force de résister..... La Sainte Croix est enlevée de dessus sa poitrine.... Le vêtement sarrasin remplace celui du guerrier de Godefroid....

Armide prend l'écharpe royale, et la présente à Renaud, comme gage de son amour; celui-ci la presse contre son sein, et jure de ne jamais s'en séparer;

puis il se rend au temple avec les ministres du nouveau culte qu'il doit embrasser; et après avoir ordonné à Fleur-d'Amour de tout préparer pour le couronnement du héros qu'elle aime, Armide s'éloigne un moment pour veiller aux soins de son empire....

SCÈNE IV.

FLEUR-D'AMOUR, ESCLAVES.

L'ordonnateur des fêtes commande... Un trône resplendissant s'élève, et le palais se décore avec magnificence.... Ici, le son aigu d'un cornet se fait entendre.... Ce signal annonce l'arrivée des chevaliers qui sont à la recherche de Renaud... L'Africain renvoie les esclaves, et va au-devant d'Ubald, de Tancrède, et de Robert....

SCÈNE V.

FLEUR-D'AMOUR, UBALD, TANCRÈDE *et* ROBERT, *tenant les armes qui leur ont été remises par les sujets de La Haîne.*

Étonnement des trois chevaliers, en voyant les apprêts de l'union de Renaud!... leur douleur, en songeant que tant de valeur et de courage ont pu tomber dans une telle mollesse!... mais bientôt Ubald engage Robert et Tancrède à pénétrer avec lui dans le temple, où Fleur-d'Amour leur a dit qu'ils trouveraient leur malheureux ami.

SCÈNE VI.

LA HAINE, OLCARIS.

La Haîne reparaît... Elle conduit Olcaris jusqu'au milieu de la salle, et lui fait remarquer avec une scrupuleuse attention, le trône destiné à Renaud, et tous les emblêmes qui ornent le palais... Le jeune sarrasin veut courir au-devant de son rival, et l'immoler à sa rage... mais La Haîne l'arrête; (cela ne satisferait point sa vengeance!... il faut que Renaud retourne à son camp, car sans lui, les Chrétiens ne triompheraient pas d'Armide), et elle le force à se retirer derrière une draperie....

SCÈNE VII.

RENAUD, ROBERT, TANCRÈDE, UBALD. LAHAINE ET OLCARIS, *cachés.*

Renaud fuit comme un insensé devant ses frères d'armes qu'il ne peut encore reconnaître!... Ubald veut le forcer à jeter les yeux sur le bouclier magique qui doit éclairer sa raison... il hésite.... ne sait ce qu'il voit.... ce qu'il entend... Mais, ses regards se portant enfin sur cet autre miroir de la vérité, il recule, honteux de se reconnaître dans l'état où il est... Espoir des trois chevaliers de ramener leur ami!.... Il faut quitter à l'instant ce dangereux séjour pour voler aux champs de la gloire, dit Ubald...

Le grand Godefroi de Bouillon, notre général, vous rappelle.... Renaud n'hésite plus.... Il jette loin de lui l'écharpe enchantée, foule aux pieds ses indignes vêtemens, reçoit le bouclier de diamant des mains d'Ubald, prend son casque, sa lance, embrasse ses généreux rivaux, dit un dernier adieu à la paisible retraite d'Armide, et sort précipitamment...

SCÈNE VIII.

Ocaris est au désespoir de voir son rival échapper à ses coups... Mais La Haîne le rassure, lui dit que sa vengeance n'en sera que plus éclatante et après avoir fait une conjuration sur l'écharpe, que Renaud ne devait jamais quitter, elle la remet au jeune musulman qui, à l'aide du nouveau charme attaché à ce talisman, pourra tromper les yeux d'Armide et de tous ses sujets, en prenant les traits de Renaud... Olcaris peint sa reconnaissance pour sa protectrice qui entre avec lui dans le temple, où les ministres avaient conduit Renaud.

SCÈNE IX.

L'autel de l'hymen est préparé... La cour d'Armide est réunie autour du trône... Les deux amants se précipitent dans les bras l'un de l'autre... L'Enchanteresse ne peut retenir un mouvement d'effroi, mais rassurée bientôt par celui qu'elle croit être Renaud, elle le presse sur son cœur! le conduit à l'autel, s'unit à lui, prend la couronne, la pose elle-même sur la tête de son époux, et s'incline devant lui comme le dernier de ses sujets!...

En ce moment, un craquement horrible ébranle les voûtes du palais... le nom *d'Olcaris* a remplacé partout celui de *Renaud.* Le Sarrasin arrache son écharpe au double enchantement, s'élance sur son trône, et foudroie de son regard terrible, sa malheureuse épouse qui, ne pouvant supporter un coup si funeste et si inattendu, tombe sans connaissance dans les bras du perfide Fleur-d'Amour, pendant que toute la cour, dont les yeux sont dessillés, se jette aux genoux du nouveau souverain...

(*Tableau.*)

Mais le clairon belliqueux et le cliquetis des armes annonce l'approche des combattants...

Olcaris, furieux, descend de son trône,... accable Armide de reproches,... ordonne à ses gardes de la charger de chaînes, et sourd à ses prières, sort à la tête de ses nouveaux sujets pour repousser l'ennemi.

SCÈNE X.

ARMIDE *enchaînée, puis* LA HAINE *et* FLEUR-D'AMOUR.

L'Enchanteresse, seule, cherche à briser ses fers,.. mais son pouvoir est anéanti... Elle profère mille imprécations contre son inhumain époux!... maudit aussi l'ingrat Renaud!... et implore encore une fois les dieux infernaux!... La Haîne se présente!... à sa vue, Armide reste confuse... Mais la divinité barbare court au-devant d'elle et lui dit qu'elle oubliera le passé, si elle promet de lui obéir désormais aveuglément... Armide en fait aussitôt le serment ...

Fleur-d'Amour chasse les gardiens de l'Enchanteresse, arrache les liens dont ils avaient chargé ses jolis bras, et semble attendre de nouveaux ordres de La Haîne... Mais celle-ci est toute entière aux tourmens qu'elle prépare à sa nouvelle victime... Elle l'embrasse, l'assure de sa protection, et sort avec elle de ce palais...

L'horrible africain n'a pu oublier qu'Armide l'a abandonné au milieu du repaire des démons;... aussi, se réjouit-il des maux qui lui sont réservés... Mais le bruit des armes devient épouvantable... Ce palais est envahi de toute part... Comment échapper à la fureur de l'ennemi?... Ah!... Il aperçoit le riche tapis qui recouvre les degrés du trône d'Olcaris, il se blottit dessous, croyant ainsi se dérober à tous les regards... Mais l'implacable Haîne n'épargnera pas plus l'esclave que le maître... Elle paraît,... commande aux enfers, et le trône est englouti dans un tourbillon de flammes...

SCÈNE XI.

COMBAT A OUTRANCE.

Les chevaliers croisés ont poursuivi l'ennemi jusque dans le palais... Ils l'attaquent avec fureur, et vont remporter la victoire, quand Armide, debout sur un pavois porté par une troupe d'enchanteurs, vient ranimer par sa présence le courage de ses anciens sujets... L'acharnement redouble des deux côtés... Mais bientôt les rangs des Musulmans s'éclaircissent... La mort moissonne les plus braves... Rien ne peut résister à la valeur de Gode froi, de Renaud, et de tous ces fiers chevaliers... Armide elle-même va tomber en leur pouvoir !... Cependant, les flammes qui s'élevaient autour des combattants ont embrasé le palais... Il s'écroule avec fracas et disperse en un instant et les vainqueurs et les vaincus...

Soudain, La Haîne sort du sein des ruines,... mais radieuse,... triomphante...

Une fumée noire et infecte se répand aussitôt sur ce champ de carnage,... et cet arrêt immuable paraît en traits de feu...

Les enfers en courroux veulent qu'Armide expire
En proie aux maux affreux du plus ardent amour;
Et que le fier Renaud lui ravisse en ce jour,
Son père, son époux, sa gloire et son empire...

C'est en vain que la victime se jette aux genoux

de son ennemie!... qu'elle lui demande un seul instant de repos avant de descendre dans la nuit éternelle... L'inexorable Haîne se rit de ses tourmens. C'est l'Amour, lui dit-elle, qu'il faut implorer!... L'Amour et son charme divin!... Puis elle la repousse avec fureur, lance sur sa tête sa malédiction infernale, et redescend fièrement dans son antre ténébreux...

SCÈNE XII ET DERNIÈRE.

Les vapeurs sulfureuses se dissipent... On découvre alors l'immense plaine où était élevé le palais enchanté... Elle est couverte de Musulmans vaincus et de chevaliers aux armes étincelantes et aux bannières déployées... Godefroi remplit sa promesse en unissant Renaud à la belle Isaure qui a partagé les périls de l'armée, sous le casque et l'épée du guerrier... Ubald, Tancrède et Robert, assurent les nouveaux époux de leur entier dévouement... En ce moment, Armide parcourt l'enceinte comme une insensée.... — Quels sont ces cadavres amoncelés autour d'elle?... Ces décombres qui réflètent leurs feux rougeâtres sur le fer et l'acier de ces soldats chrétiens?... Et cette bannière, elle a déjà frappé ses regards... Elle la reconnaît..... C'est celle de Renaud... Oui, oui, dit-elle, DIEU LE VEUT, MORT AUX INFIDÈLES... Puis elle cherche à s'éloigner de ce signe sacré qui lui fait horreur,... aperçoit Renaud et Isaure,... s'élance vers eux par un mouvement de rage, et comme si elle avait encore le pouvoir de les punir... Mais les forces lui manquent... Ses bras levés s'abaissent sur elle-même;... et, déchirée par l'Amour et La Haîne, elle rend le dernier soupir, aux pieds des deux amants...

Tout le camp plaint la destinée de cette belle Enchanteresse... On veut la secourir,... soins inutiles, dit Renaud... Et sa tête se baisse lentement sur sa poitrine...

Mais Pierre l'Hermite a planté l'étendard de la foi sur un monceau de ruines, au milieu du champ de bataille... Il désigne les murs de la Sainte Cité que l'on découvre dans l'éloignement, et dit : là, seul, est le but de notre voyage... Ramenés ainsi à un pieux devoir, Godefroi, Renaud, Hugues, Baudoin, Tancrède, Raymond, Robert, Bohémond, Richard, Ubald et tous les guerriers se prosternent aussitôt... Et pendant que les prélats, et le vertueux solitaire, appellent la bénédiction de l'éternel sur les armes chrétiennes, un chant céleste remplit les airs!... le ciel s'ouvre... et, à travers ses régions diaphanes, on distingue le seigneur et toute la milice divine souriant aux généreux efforts de ces nobles défenseurs de la croix.

(*Tableau.*)

FIN DU TROISIÈME ET DERNIER ACTE.

PIÈCES DE THÉATRE ET BALLETS,

Qui se trouvent chez ***GAMBIER***, *IMPRIMEUR-LIBRAIRE*, *rue des Éperonniers, sect. 8, N° 521 (16), à Bruxelles.*

AGIOTAGE (l') OU LE MÉTIER A LA MODE, comédie en 5 actes et en prose, par MM. Picard et Empis, petit in-8°. 1826.
AMOURS (les) DE VÉNUS, ballet pantomime en 3 actes. 25 cents.
ARTAXERCE, tragédie en 5 actes, par Delrieu, in-18. 1808. 15 cents
ATTILA, tragéd. en 5 actes, par Hyppolite Bis, in-12. 1822. 25 cents
BAISER (le) AU PORTEUR, vaudeville en 1 acte, 1826.
BAYADÈRES (les), opéra, 2 act. par Jouy, in-12, 4e édit. 25 cents.
BÉLISAIRE, trag. en 5 actes en vers, par Jouy, in-8°, 1819.
BELLE (la) AU BOIS DORMANT, ballet-pantomi-féerie, 4 a. 1829. 25 cents
BRUIS ET PALAPRAT, comédie en 1 acte en vers, par Étienne, 1825.
CHARLATANISME (le), vaudeville en 1 acte, 1826.
CLOCHETTE (la), ou le DIABLE PAGE, opéra-féerie, 3 act. de Théaulon.
CONSCRIT (le), OU LES PETITS BRACONNIERS, ballet, 1 a. 1829. 20 cents
DAME (la) BLANCHE, opéra-comique en 3 actes, de Scribe, 1827.
ÉCOLE (l') DES VIEILLARDS, C. 5 act. en v. de Casim. Delavigne, 1824.
ÉDUCATION (l'), OU LES DEUX COUSINES, C. 5 act. de Casimir Bonjour.
ENCHANTEMENS (les) DE POLICHINELLE, ballet, 3 act. 1829. 15 cents.
FERNAND CORTEZ, OU LA CONQUÊTE DU MEXIQUE, opéra en 3 actes, paroles de Jouy, musique de Spontini, 2e édition, 1824.
FILLE (la) D'HONNEUR, C. 5 actes en vers, par Alex. Duval. 1818.
GULLIVER, ballet-pantomime en 2 act. de Coraly, 1827. 15 cents.
HOMME (l') GRIS, comédie en 3 act., par Daubigny et Poujol, 1817.
JEAN DE PARIS, opéra-comique. en 2 actes, de St-Just, 1812.
JENNY, OU LE MARIAGE SECRET. ballet en 3 actes, 1825. 15 cents.
JOCKO, OU LE SINGE DU BRÉSIL, ballet, 2 act. in 8°, fig. 1826. 25 cents
JOCONDE, OU LES COUREURS D'AVENTURES, O-C 3 actes, par Étienne.
JOLIS (les) SOLDATS, vaudeville en 1 acte, 1827. 30 cents.
LETTRE (la) DE CHANGE, opéra comique en 1 acte de Planard.
MANSARDE (la) DES ARTISTES, vaudeville en 1 acte, 1826.
MARI (le) A BONNES FORTUNES, C. 5 act. en vers, de Casim. Bonjour.
MARIE, opéra-comique en 3 actes, de Planard, 1827. 30 cents.
MÉLOMANIE (la), opéra en 1 acte et en vers, 4e édition, 1825.
MICHEL ET CHRISTINE, vaudeville en un acte, 1825.
NAISSANCE (la) DE VÉNUS ET DE L'AMOUR, ballet 2 act., 1824. 15 cents
NID (le) D'AMOURS, OU LES AMOURS VENGÉS, ball. 1 act, 1818. 25 cents
OMASIS, OU JOSEPH EN ÉGYPTE, trag. 5 a. de Baour Lormian. 15 cents
PAULESKA, SŒUR DE CHRISTINE, vaudeville en un acte. 1825.
PETIT (le) CHAPERON ROUGE, opéra-féerie 3 actes, de Théaulon.
PETITES (les) DANAIDES, OU 99 VICTIMES, ballet en 7 tabl. 1828. 25 cents
PIED (le) DE MOUTON, ballet-pantomi. en 6 pts act. 1830. 25 cents
PIE (la) VOLEUSE, OU LA SERVANTE DE PALAISEAU, mélo. hist. 3 actes.
PSYCHÉ ET L'AMOUR, ballet d'action, par Gardel, 3 act. 1823. 25 cents
SIMPLE HISTOIRE, vaudeville en 1 acte, par Scribe et Courcy, 1826.
SOURDE-MUETTE (la), vaudev. 1 acte, par Xavier et Duvert, 1826.
STANISLAS, OU LA SUITE DE MICHEL ET CHRISTINE, vaudv. en 1 acte.
TARDIF (le), C. 1 act. en vers, de Justin Gensoul. 1825. 15 cents.
TEMPLIERS (les), trag. 5 actes. de Raynouard, in-18, 1805. 15 cents.
THÉATRE DES AUTEURS MODERNES; contenant *ARTAXERCE*, *OMASIS* et les *TEMPLIERS*, tragédies, vol. in-18 de 268 pages, 1819. 40 cents.
VALÉRIE, comédie 3 actes en prose. par Scribe et Mélesville, 1825.
VESTALE (la), opéra en 3 actes de Jouy, musique de Spontini, 1823.
VEILLE (la), opéra-comique en 1 acte, de Scribe et Delavigne, 1826

www.ingramcontent.com/pod-product-compliance
Lightning Source LLC
LaVergne TN
LVHW021637170726
843501LV00007B/2270

9782329649863